Inhalt

Offshoring - Verlagerung von Arbeitsplätzen ins Ausland

Kernthesen

Beitrag

Fallbeispiele

Weiterführende Literatur

Impressum

Offshoring - Verlagerung von Arbeitsplätzen ins Ausland

M.Rinkenburger

Kernthesen

- Unter Offshoring wird primär die Auslagerung von Tätigkeiten in Billiglohnländer verstanden. Der wesentliche Grund liegt in der Einsparung von Personalkosten. (1), (2), (11)
- Neben einfachen Aufgaben handelt es sich dabei vermehrt auch um Dienstleistungen und Fertigungstätigkeiten für hoch qualifizierte Arbeitskräfte. (8)
- Offshoring birgt neben den gewünschten

Kosteneffekten auch hohe Risiken, die bei entsprechenden Kalkulationen oftmals vernach ässigt werden. (2). (3)

Beitrag

Offshoring versus Outsourcing (11)

Neben Outsourcing ist Offshoring das Thema, das Unternehmen derzeit weltweit beschäftigt. Kosteneinsparungen, Konzentration auf das Kerngeschäft und Transparenz sind die Hauptursachen für diese Überlegungen.

Unter Outsourcing wird die Auslagerung von Aufgaben oder bestimmten standardisierten Prozessen an Fremdfirmen verstanden. Hierbei wird zwischen IT-Outsourcing (ITO) bzw. Business Process Outsourcing (BPO) unterschieden. (6), (7)

Unter Offshoring wird die Verlagerung bestimmter Tätigkeiten und Prozesse in Niedriglohnländer verstanden. (9) Hierzu werden von der Muttergesellschaft eigene Firmen in den Offshoring-Ländern gegründet, die diese Tätigkeiten dann wahrnehmen. (10)

Eine weitere Entwicklung ist die Kombination beider Verfahren. Der zunehmende Wettbewerb führt dazu, dass Firmen, die ITO oder BPO betreiben, ihrerseits wiederum Teilaufgaben ebenfalls in Niedriglohnländer verlagern.

Betroffene Unternehmensbereiche

In der Vergangenheit waren überwiegend einfache Tätigkeiten und Prozesse betroffen, z. B. die Erstellung von Textilien im Ausland. Jetzt betrifft es in großem Maße alle Branchen und unterschiedlichste Unternehmensbereiche.(10) Viele Experten erwarten vor allem einen Ausverkauf traditioneller Bürojobs ins billigere Ausland. Alle Tätigkeiten, die keinen direkten und persönlichen Kundenkontakt erfordern, stehen im Visier entsprechender Überlegungen. Neben personalintensiven Tätigkeiten in der Entwicklung oder Programmierung sind es insbesondere auch kaufmännische Aufgaben, z. B. Buchhaltung, Gehaltsabrechnung, Call-Center oder Rechnungseingangsprüfung. (5)

Gründe für Offshoring

Niedrige Arbeitskosten stehen meistens im Vordergrund, wenn es um die Verlagerung von Aufgaben in Billiglohnländer geht. Allerdings gibt es weitere Faktoren, die für die Auslagerung von bestimmten Tätigkeiten sprechen:

- Niedrigere Ein- und Ausfuhrzölle
- Niedrigere Unternehmenssteuern
- Auslagerung von Tätigkeiten die im Heimatland nicht erbracht werden können, weil inländische Arbeitnehmer nicht mehr bereit sind, entsprechende Aufgaben auszuführen (1)

Unternehmen, die vor der Frage stehen bestimmte Aufgaben und Mitarbeiter ins Ausland zu verlagern, haben zum Teil zu hohe Erwartungen bezüglich der Sparpotentiale. Neben den Kosteneffekten gibt es viele Risiken, die in die Kalkulationen mit einbezogen werden müssen. (2)

Risiken beim Offshoring

Ohne ein entsprechendes Risikomanagement können sich die erwarteten Kostenvorteile schnell reduzieren.

(2) Im folgenden sind beispielhaft einige Risiken aufgeführt, die bei Standortverlagerung berücksichtigt werden müssen:

- Lieferfähigkeit: Die Lieferfähigkeit der ausgelagerten Leistungen zurück zur Muttergesellschaft muß gewährleistet sein
- Sicherheit: Die politischen und wirtschaftlichen Rahmenbedingungen spielen eine große Rolle bei der Entscheidung für ein Land
- Know-how-Transfer: Der Know-how-Transfer von komplexen Wissen ins Ausland kann sich über Monate oder Jahre ziehen und zu hohen zusätzliche Kosten bei der Wissensvermittlung bzw. bei der Qualitätskontrolle führen (8)
- Kulturelle Differenzen: Unterschiedliche Kommunikationswege sowie ein anderes Qualitätsbewußtsein bei Prozessen und Produkten haben großen Einfluß auf den Zeitpunkt der Realisierung von Kosteneinsparungen
- Betreuungskosten: Im Heimatland müssen ggf. neue Mitarbeiter eingestellt werden, die jene Offshoring-Aktivitäten kontinuierlich begleiten
- Reisekosten: Projektmitarbeiter, Mitarbeiter im Change Management und sonstige betroffene Personen generieren Reisekosten während der Offshoring-Phase und im Rahmen der dauerhaften Betreuung der Auslandsgesellschaften (8)
- Fehlende Motivation: Mitarbeiter, die in den

Heimatländern verbleiben, gilt es entsprechend zu motivieren. Gegebenfalls befürchten diese, dass auch ihre Aufgaben zeitnah ins Ausland verlagert werden und zeigen deswegen nicht mehr den entsprechenden Arbeitseinsatz

Fallbeispiele

Bestellungen bei Lieferanten sowie die Zahlungsüberwachung werden beim Ölkonzern Exxon Mobil in Zukunft durch Mitarbeiter in Budapest und Prag durchgeführt. (10)

VW will den Anteil der in China erbrachten Forschungs- und Entwicklungsleistungen deutlich steigern.

McKinsey-Berater in Deutschland lassen ihre englischsprachigen Powerpoint-Präsentationen in Indien anfertigen. Innerhalb von 24 Stunden erhalten sie ihre fertigen Folien, die auf Basis ihrer Skizzen erstellt werden. (10)

Ein britischer Finanzdienstleister verlagerte seine weltweite Personalverwaltung ins indische Chennai.

Weltweit verloren dadurch etwa hundert Mitarbeiter der Personalorganisation ihren Job. (9)

DHL errichtet in Tschechien ein Rechenzentrum (8)

Die Konzernbuchhaltung von Infineon wird seit kurzem in Ungarn durchgeführt. (8)

Währen 2002 noch 70 Prozent der Software der Siemens-Netzwerktochter ICN in Deutschland, Westeuropa und USA entstanden sind, waren es 2003 nur noch 49 Prozent. Den verbleibenden Anteil haben Kollegen in China, Indien und Osteuropa übernommen. (5)

IT-Dienstleister wie Accenture, EDS oder IBM bieten ihrer Kunden ITO oder BPO für viele Prozesse an. Um im Wettbewerb bestehen zu können, verlagern sie verschiedene Tätigkeiten wie Gehaltsabrechnung, Buchhaltung oder Rechnungswesen ihrerseits wiederum nach Osteuropa oder Asien. (5)

Um sprachliche Barrieren so gering wie möglich zu halten werden Länder mit sprachlichen Verbindungen oftmals bevorzugt. So werden z. B. spanisch sprachige Offshoring-Projekte bevorzugt in Ländern wie Costa Rica oder Mexiko verlagert, während französische Firmen die Länder Nordafrikas und deutsche Unternehmen Anrainerstaaten wie

Polen, Ungarn oder Tschechien bevorzugen.

Banken in Großbritannien lagern teilweise ihre Kundenbetreuung mit Hilfe von Call-Center nach Indien aus. Sie erhalten dortige Dienstleistungen zu wesentlich geringeren Kosten und trotzdem in Oxford-English. (3)

Weiterführende Literatur

(1) Verlagerung von Jobs ins billige Ausland verunsichert IT-Mitarbeiter Erwartungen der Unternehmen erfüllen sich nicht immer, Computer Zeitung, Heft 8, 2004, S. 6
aus Neue Zürcher Zeitung, 16.01.2004, Nr. 12, S. 13

(2) O. V., Meta Group: Kostensenkung im ersten Jahr fällt gering aus Produktivität der IT-Abteilung sinkt / Einsparpotential von Offshoring wird überschätzt, Computer Zeitung, Heft 10, 2004, S. 12
aus Neue Zürcher Zeitung, 16.01.2004, Nr. 12, S. 13

(3) Industrialisierung am Beispiel DZ Bank
aus Zeitschrift für das gesamte Kreditwesen Ausgabe Technik Nr. 01 vom 01.03.2004 Seite 024

(4) O. V., Expertendiskussion auf der CeBIT / IT-Branche schafft neue Jobs im Ausland,

Computerwoche, 26.03.2004, Nr. 13, S. 44
aus Zeitschrift für das gesamte Kreditwesen Ausgabe Technik Nr. 01 vom 01.03.2004 Seite 024

(5) Wie am Fließband Hinter dem Schlagwort Offshoring verbirgt sich eine Rationalisierungswelle. Allein in Deutschland sind weit mehr als 100000 qualifizierte Jobs bedroht.
aus Capital vom 04.03.2004, Seite 44

(6) Dück P., Outsourcing/Insourcing, Outtasking und Global Sourcing verändern die Branche / IT-Aiuslagerung: Ein Markt im Umbruch, Computerwoche, 02.04.2004, Nr. 14, S. 36 37
aus Capital vom 04.03.2004, Seite 44

(7) O. V., Ohne Sourcing-Strategie drohen Kollisionen zwischen den verschiedenen Providern / Fallstricke im Business Process Outsourcing, Computerwoche, 19.03.2004, Nr. 12, S. 56
aus Capital vom 04.03.2004, Seite 44

(8) Geschäftsprozesse gehen auf Weltreise Unternehmen entdecken für viele ihrer Geschäftsprozesse das Offshoring · Fachleute warnen jedoch vor allzu großer Euphorie
aus Financial Times Deutschland vom 11.02.2004, Seite BE5

(9) Offshoring hat viele Gesichter Bits und Bytes auf dem Weg ins Ausland / Von der Arbeitsentlastung bis zum Verlust des Arbeitsplatzes

aus Frankfurter Rundschau v. 12.03.2004, S.29, Ausgabe: S Stadt

(10) Borst S. / Hirzel J. / Bernd J. / Schönstein J. / Siedenburg B., Globalisierung / Ist Ihr Job noch sicher?, FOCUS, 08.03.2004, Ausgabe 11, S. 170 176 aus Frankfurter Rundschau v. 12.03.2004, S.29, Ausgabe: S Stadt

(11) Die Begriffe
aus Die Welt, Jg. 59, 17.03.2004, Nr. 65, S. 16

Impressum

Offshoring - Verlagerung von Arbeitsplätzen ins Ausland

Bibliografische Information der deutschen Nationalbibliothek

Die Deutsche Nationalbibliothek verzeichnet diese Publikation in der deutschen Nationalbibliografie; detaillierte bibliografische Daten sind im Internet über http://dnb.d-nb.de abrufbar.

ISBN: 978-3-7379-0879-5

© 2015 GBI-Genios Deutsche Wirtschaftsdatenbank GmbH, Freischützstraße 96, 81927 München, www.genios.de

Alle Rechte vorbehalten. Dieses Werk ist einschließlich aller seiner Teile – z.B. Texte, Tabellen und Grafiken - urheberrechtlich geschützt. Jede Verwertung außerhalb der Grenzen des Urheberrechtsgesetzes bedarf der vorherigen Zustimmung des Verlags. Dies gilt insbesondere auch für auszugsweise Nachdrucke, fotomechanische Vervielfältigungen (Fotokopie/Mikroskopie), Übersetzungen, Auswertungen durch Datenbanken oder ähnliche Einrichtungen und die Einspeicherung und Verarbeitung in elektronischen Systemen.